AF216608

Impressum
Verlag: BABADADA GmbH, Nedderfeld 112 , 22529 Hamburg
Geschäftsführer / Verlagsleitung: Harald Hof
Druck: Books on Demand GmbH, In de Tarpen 42, 22848 Norderstedt

Imprint
Publisher: BABADADA GmbH, Nedderfeld 112 , 22529 Hamburg, Germany
Managing Director / Publishing direction: Harald Hof
Print: Books on Demand GmbH, In de Tarpen 42, 22848 Norderstedt

school

escola

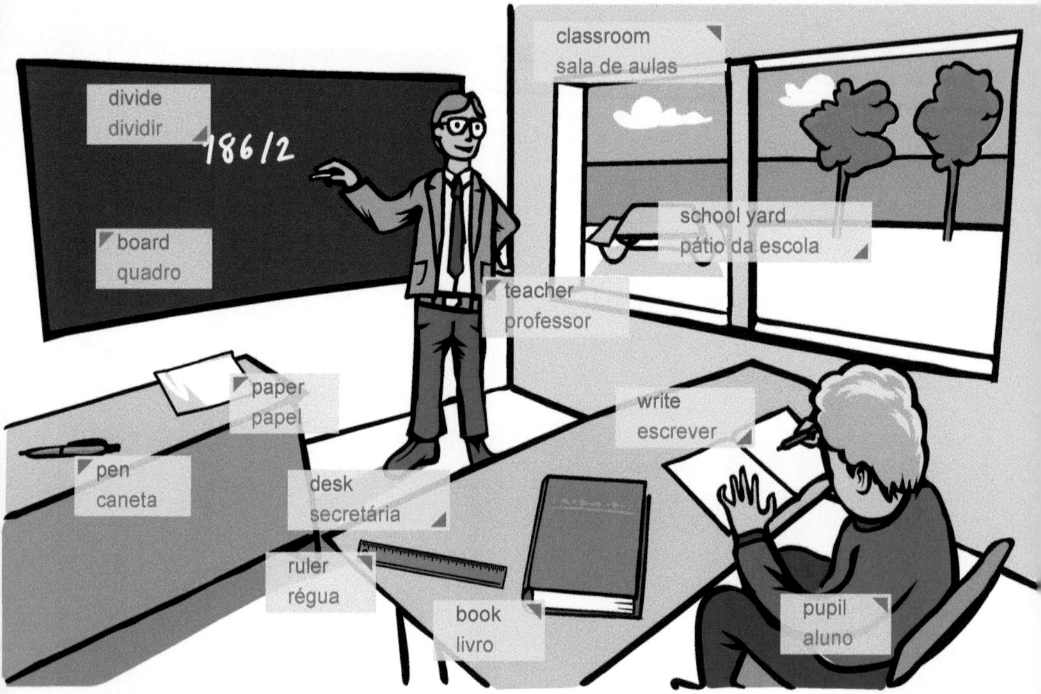

classroom
sala de aulas
divide
dividir
186/2
board
quadro
teacher
professor
school yard
pátio da escola
paper
papel
write
escrever
pen
caneta
desk
secretária
ruler
régua
book
livro
pupil
aluno

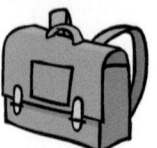

satchel

mochila

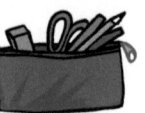

pencil case

estojo de lápis

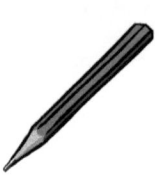

pencil

lápis

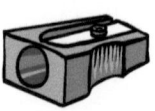

pencil sharpener

afia-lápis

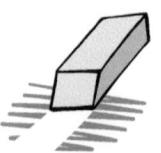

rubber

borracha

drawing pad

bloco de desenho

drawing

desenho

paintbrush

pincel

paint box

caixa de tintas

scissors

tesoura

glue

cola

exercise book

livro de exercícios

homework

trabalhos de casa

number

número

add

somar

subtract

subtrair

multiply

multiplicar

calculate

calcular

letter

letra

alphabet

alfabeto

word

palavra

text

texto

read

ler

chalk

giz

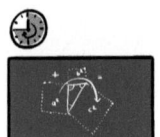

lesson

hora

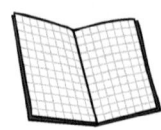

register

registo de presenças

exam

exame

certificate

certificado

school uniform

uniforme escolar

education

educação

encyclopedia

enciclopédia

university

universidade

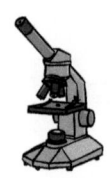

microscope

microscópio

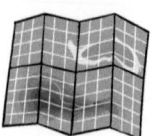

map

mapa

waste-paper basket

cesto de lixo

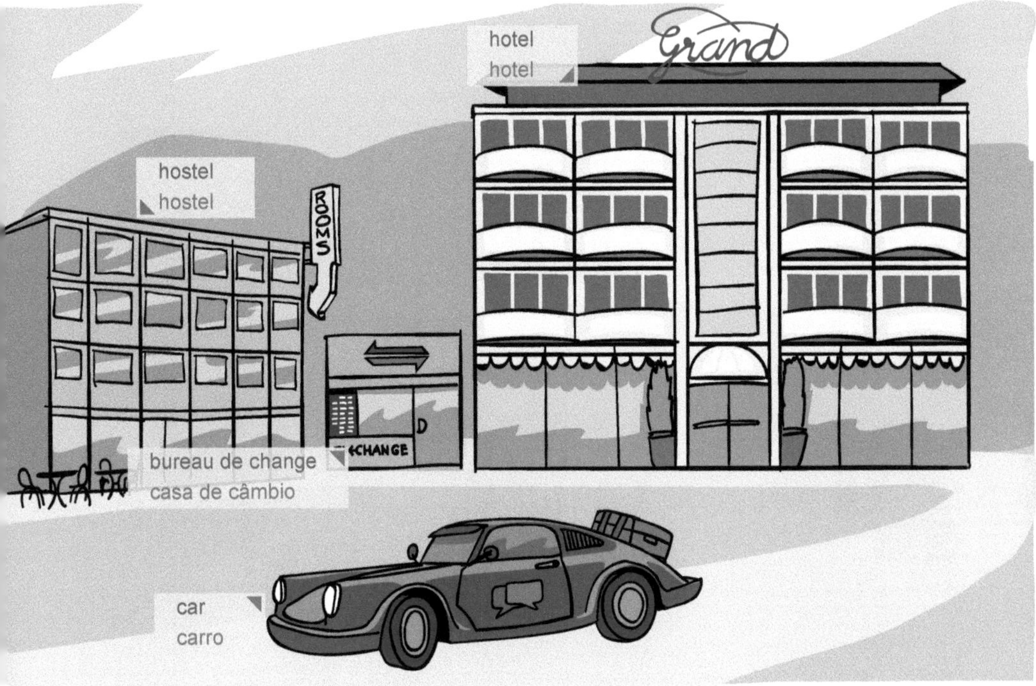

hotel
hotel
Grand
hostel
hostel
ROOMS
CHANGE
bureau de change
casa de câmbio
car
carro

language
idioma

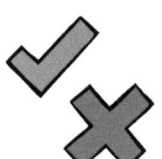

yes / no
sim / não

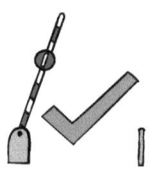

Okay
ok / certo / correto

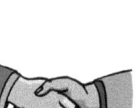

hello
olá

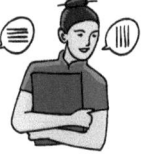

translator
intérprete

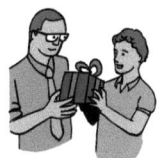

Thank you
obrigado

how much is...?

quanto é que custa... ?

I do not understand

não entendo

problem

problema

Good evening!

boa noite!

Good morning!

Bom dia!

Good night!

Boa noite!

bye bye

adeus

direction

direção

luggage

bagagem

bag

saco

backpack

mochila

guest

convidado

room

quarto

sleeping bag

saco-cama

tent

tenda

tourist information

informação turística

beach

praia

credit card

cartão de crédito

breakfast

pequeno-almoço

lunch

almoço

dinner

jantar

ticket

bilhete

lift

elevador

stamp

selo postal

border

fronteira

customs

alfândega

embassy

embaixada

visa

visto

passport

passaporte

transport

transporte

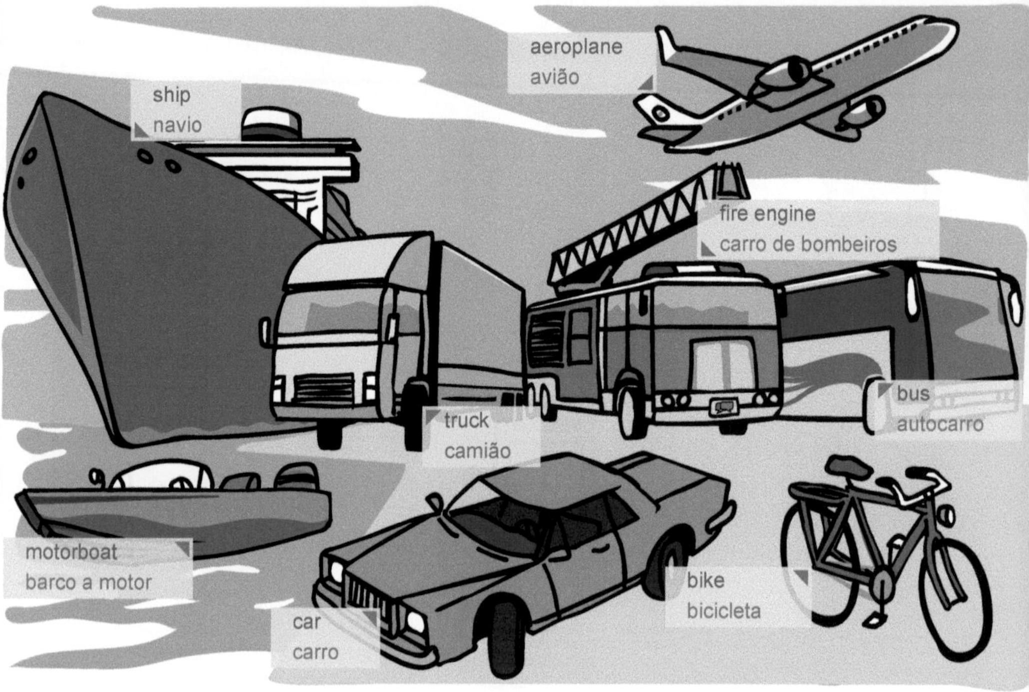

aeroplane
avião
ship
navio
fire engine
carro de bombeiros
bus
autocarro
truck
camião
motorboat
barco a motor
bike
bicicleta
car
carro

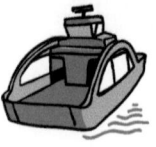

ferry

cacilheiro

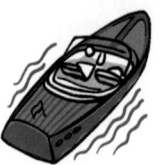

boat

barco

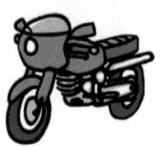

motorbike

mota

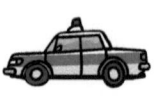

police car

carro de polícia

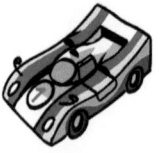

racing car

carro de corrida

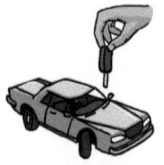

rental car

carro alugado

car sharing
carsharing

breakdown truck
camião de reboque

refuse truck
camião do lixo

motor
motor

fuel
combustível

petrol station
estação de serviço

traffic sign
sinal de trânsito

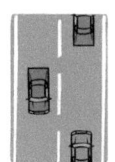

traffic
trânsito

traffic jam
congestionamento de trânsito

car park
parque de estacionamento

train station
estação ferroviária

tracks
carris

train
comboio

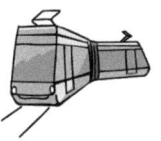

tram
elétrico

carriage
carruagem

helicopter

helicóptero

airport

aeroporto

tower

torre

passenger

passageiro

container

contentor

carton

caixa de papelão

cart

carrinho

basket

cesto

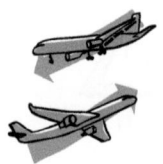

take off / land

levantar voo / aterrar

city

cidade

village

aldeia

city centre

centro da cidade

house

casa

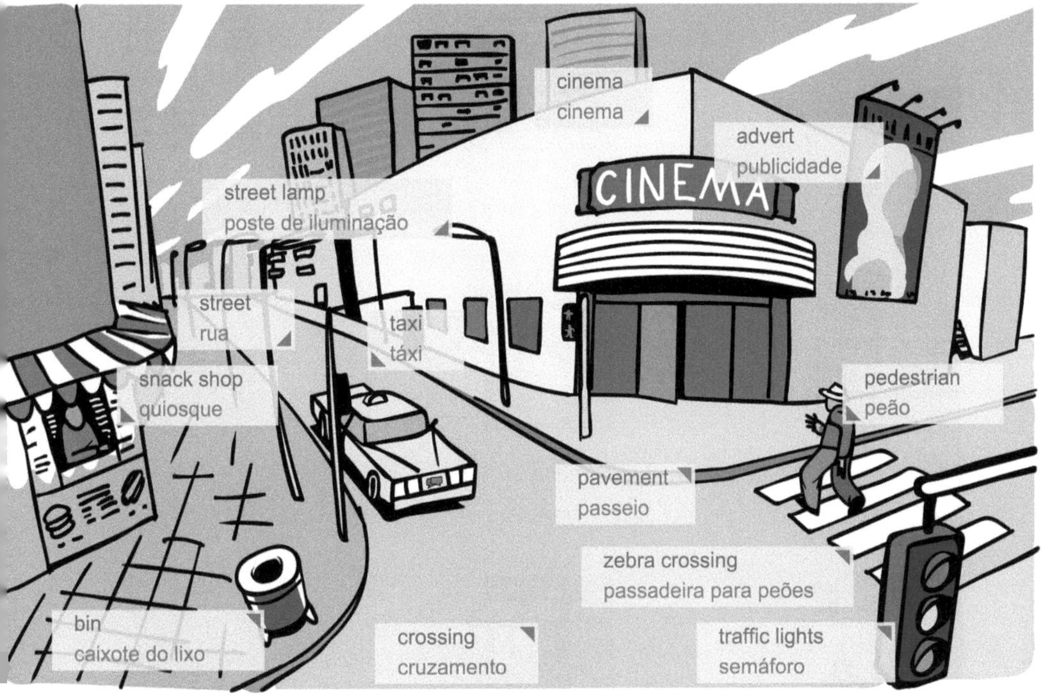

cinema
cinema

advert
publicidade

street lamp
poste de iluminação

CINEMA

street
rua

taxi
táxi

snack shop
quiosque

pedestrian
peão

pavement
passeio

zebra crossing
passadeira para peões

bin
caixote do lixo

crossing
cruzamento

traffic lights
semáforo

hut

cabana

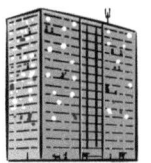

flat

apartamento

train station

estação ferroviária

town hall

câmara municipal

museum

museu

school

escola

university
universidade

bank
banco

hospital
hospital

hotel
hotel

pharmacy
farmácia

office
escritório

book shop
livraria

shop
loja

florist's
florista

supermarket
supermercado

market
mercado

department store
loja de departamentos

fishmonger's
peixaria

shopping centre
centro comercial

harbour
porto

park

parque

bench

banco

bridge

ponte

stairs

escadas

underground

metro

tunnel

túnel

bus stop

paragem de autocarro

bar

bar

restaurant

restaurante

postbox

caixa de correio

street sign

sinal de trânsito

parking meter

parquímetro

zoo

jardim zoológico

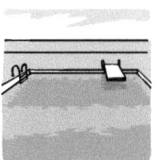

swimming pool

piscina

mosque

mesquita

farm
quinta

pollution
poluição

graveyard
cemitério

church
igreja

playground
parque infantil

temple
templo

landscape

paisagem

signpost
placa de sinalização

way
caminho

meadow
prado

stone
pedra

tree
árvore

hiker
caminhantes

river
rio

grass
relva

flower
flor

valley

vale

hill

montanha

lake

lago

forest

floresta

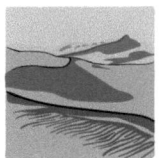

desert

deserto

volcano

vulcão

castle

castelo

rainbow

arco-íris

mushroom

cogumelo

palm tree

palma

mosquito

mosquito

fly

mosca

ant

formiga

bee

abelha

spider

aranha

landscape - paisagem

beetle

besouro

frog

sapo

squirrel

esquilo

hedgehog

ouriço

hare

lebre

owl

coruja

bird

pássaro

swan

cisne

boar

javali

deer

veado

moose

alce

dam

barragem

wind turbine

turbina eólica

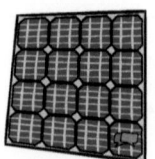

solar panel

painel solar

climate

clima

restaurant
restaurante

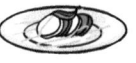

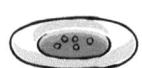

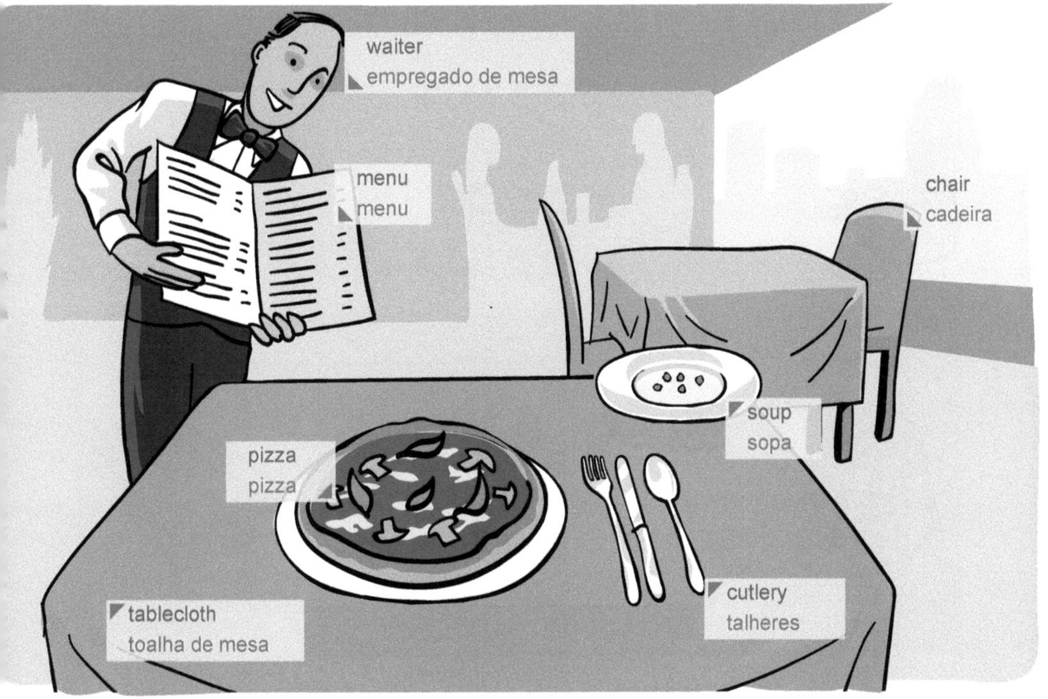

waiter
empregado de mesa
menu
menu
chair
cadeira
soup
sopa
pizza
pizza
cutlery
talheres
tablecloth
toalha de mesa

starter

entrada

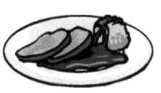

main course

prato principal

dessert

sobremesa

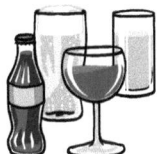

drinks

bebidas

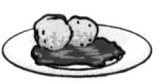

food

comida

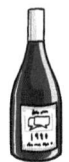

bottle

garrafa

fast food

fast food

street food

comida de rua

teapot

bule de chá

sugar bowl

açucareiro

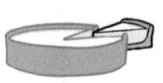

portion

porção

espresso machine

máquina de café expresso

high chair

cadeira alta

bill

conta

tray

bandeja

knife

faca

fork

garfo

spoon

colher

teaspoon

colher de chá

serviette

guardanapo

glass

copo

plate

prato

soup plate

prato de sopa

saucer

pires

sauce

molho

salt pot

saleiro

pepper mill

moinho de pimenta

vinegar

vinagre

oil

óleo

spices

especiarias

ketchup

ketchup

mustard

mostarda

mayonnaise

maionese

supermarket
supermercado

special offer
oferta especial
FOR
customer
cliente
dairy
laticínios
fruit
fruta
trolley
carrinho de compras

BUTCHERS

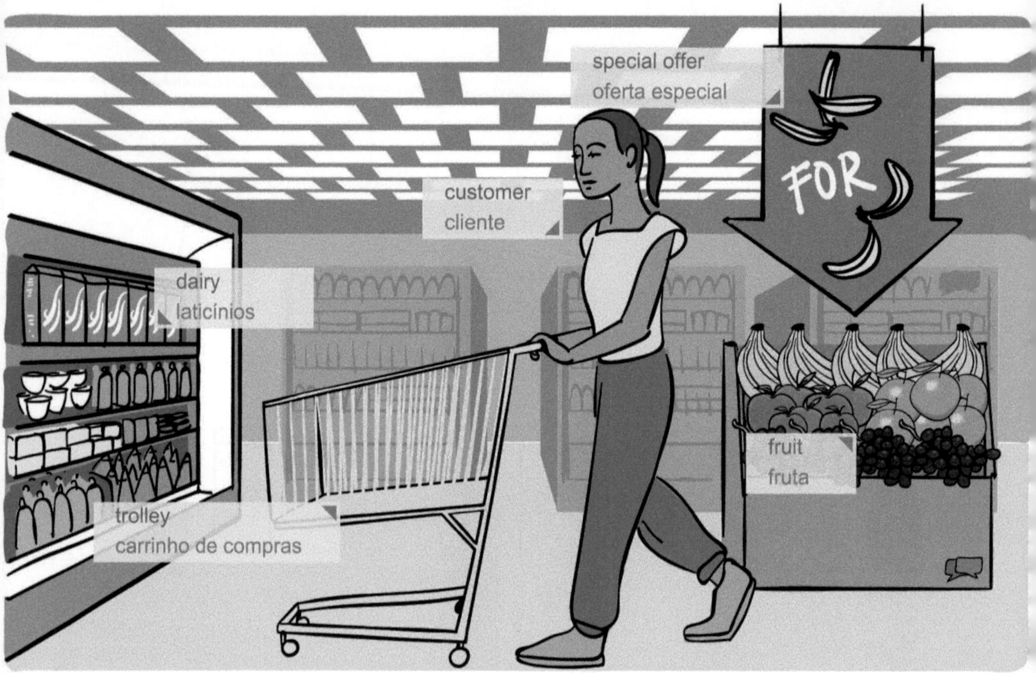

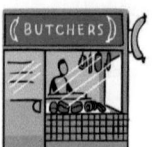

butcher´s

talho

BAKERY

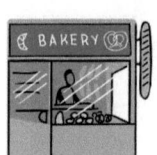

baker´s

padaria

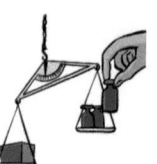

weigh

pesar

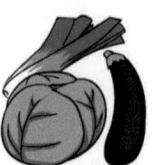

vegetables

vegetais

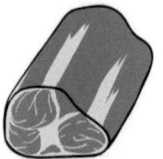

meat

carne

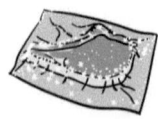

frozen food

alimentos congelados

cold meat

charcutaria

tinned food

comida enlatada

washing powder

detergente em pó

sweets

doces

household products

artigos domésticos

cleaning products

produtos de limpeza

salesperson

vendedora

till

caixa

cashier

caixa

shopping list

lista de compras

opening hours

horário de funcionamento

wallet

carteira

credit card

cartão de crédito

bag

saco

plastic bag

saco de plástico

water	juice	milk
água	sumo	leite

coke	wine	beer
coca-cola	vinho	cerveja

alcohol	cocoa	tea
álcool	cacau	chá

coffee	espresso	cappuccino
café	café expresso	capuccino

banana

banana

apple

maçã

orange

laranja

melon

melão

lemon

limão

carrot

cenoura

garlic

alho

bamboo

bambu

onion

cebola

mushroom

cogumelo

nuts

nozes

noodles

talharim

spaghetti

esparguete

rice

arroz

salad

salada

chips

batatas fritas

fried potatoes

batatas fritas

pizza

pizza

hamburger

hambúrguer

sandwich

sanduíche

cutlet

bife panado

ham

fiambre

salami

salame

sausage

salsicha

chicken

galinha

roast

assado

fish

peixe

porridge oats

flocos de aveia

muesli

muesli

cornflakes

flocos de milho

flour

farinha

croissant

croissant

bread roll

carcaça (pãozinho)

bread

pão

toast

torrada

biscuits

biscoitos

butter

manteiga

curd

requeijão

cake

bolo

egg

ovo

fried egg

ovo estrelado

cheese

queijo

ice cream

gelado

sugar

açúcar

honey

mel

jam

compota

chocolate spread

creme de nougat

curry

caril

farm
quinta

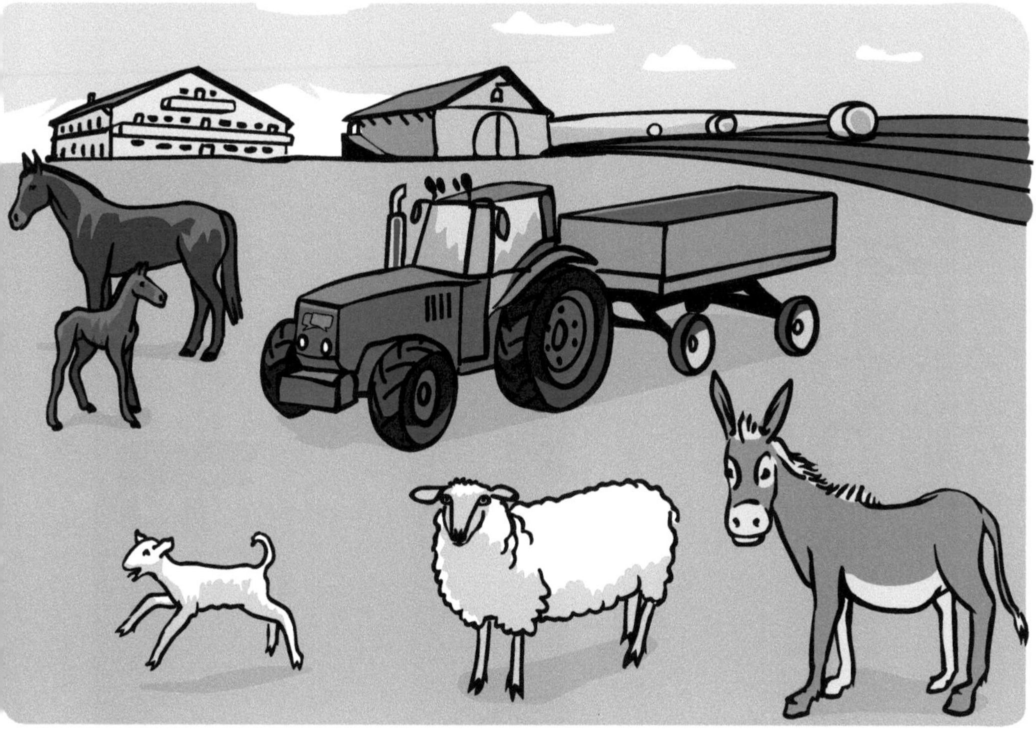

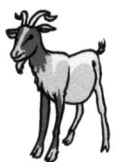

goat
cabra

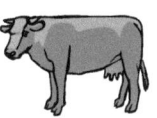

cow
vaca

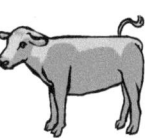

calf
bezerro

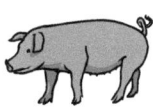

pig
porco

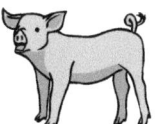

piglet
leitão

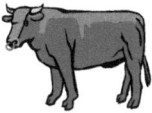

bull
touro

goose

ganso

duck

pato

chick

pintaínho

hen

galinha

cock

galo

rat

ratazana

cat

gato

mouse

rato

ox

boi

dog

cão

doghouse

casota

garden hose

mangueira de jardim

watering can

regador

scythe

foice

plough

arado

sickle

foice

hoe

enxada

pitchfork

forquilha

axe

machado

wheelbarrow

carrinho de mão

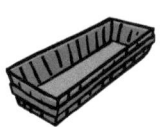

trough

manjedoura

milk can

jarro de leite

sack

saco

fence

cerca

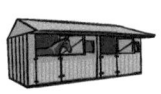

stable

estábulo

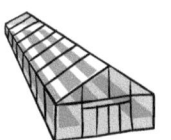

greenhouse

estufa

soil

solo

seed

semente

fertilizer

fertilizante

combine harvester

ceifeira-debulhadora

harvest

colher

harvest

colheita

yams

inhame

wheat

trigo

soy

soja

potato

batata

corn

milho

rapeseed

colza

fruit tree

árvore de fruto

cassava

mandioca

cereals

cereais

house
casa

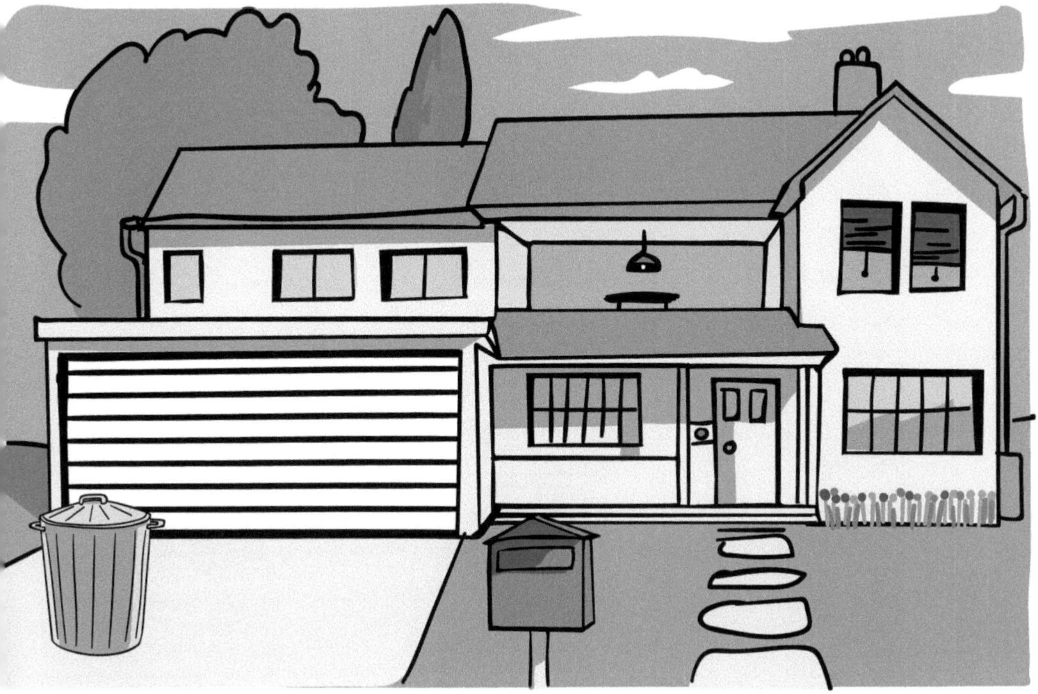

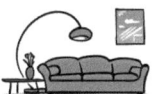

living room
sala de estar

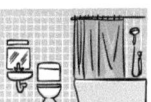

bathroom
casa de banho

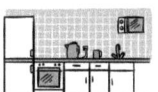

kitchen
cozinha

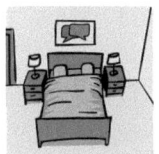

bedroom
quarto de dormir

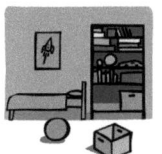

child's room
quarto de criança

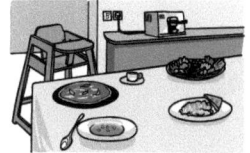

dining room
sala de jantar

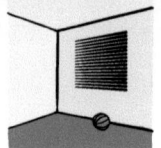

floor

chão

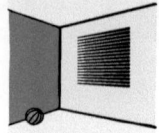

wall

parede

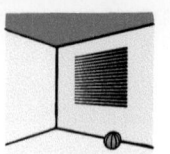

ceiling

teto

cellar

cave

sauna

sauna

balcony

varanda

terrace

terraço

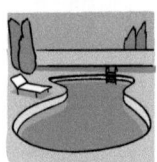

pool

piscina

lawn mower

máquina de cortar relvado

sheet

lençol

bedspread

cobertor

bed

cama

broom

vassoura

bucket

balde

switch

interruptor

living room
sala de estar

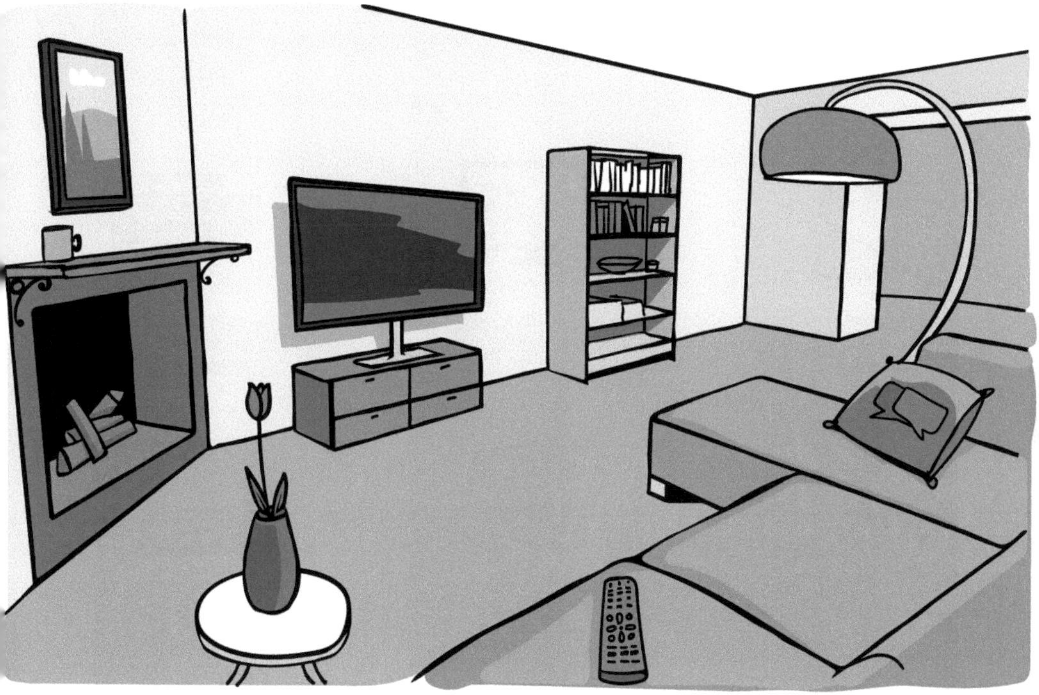

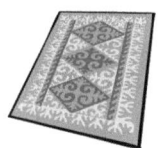

carpet

tapete

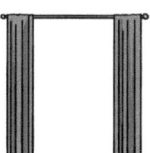

curtain

cortina

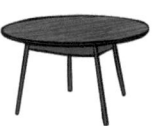

table

mesa

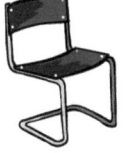

chair

cadeira

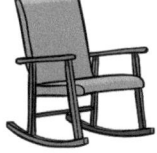

rocking chair

cadeira de baloiço

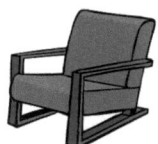

armchair

poltrona

book

livro

blanket

cobertor

decoration

decoração

firewood

lenha

film

filme

hi-fi equipment

sistema estéreo

key

chave

newspaper

jornal

painting

pintura

poster

póster

radio

rádio

notepad

bloco de notas

hoover

aspirador

cactus

cato

candle

vela

kitchen
cozinha

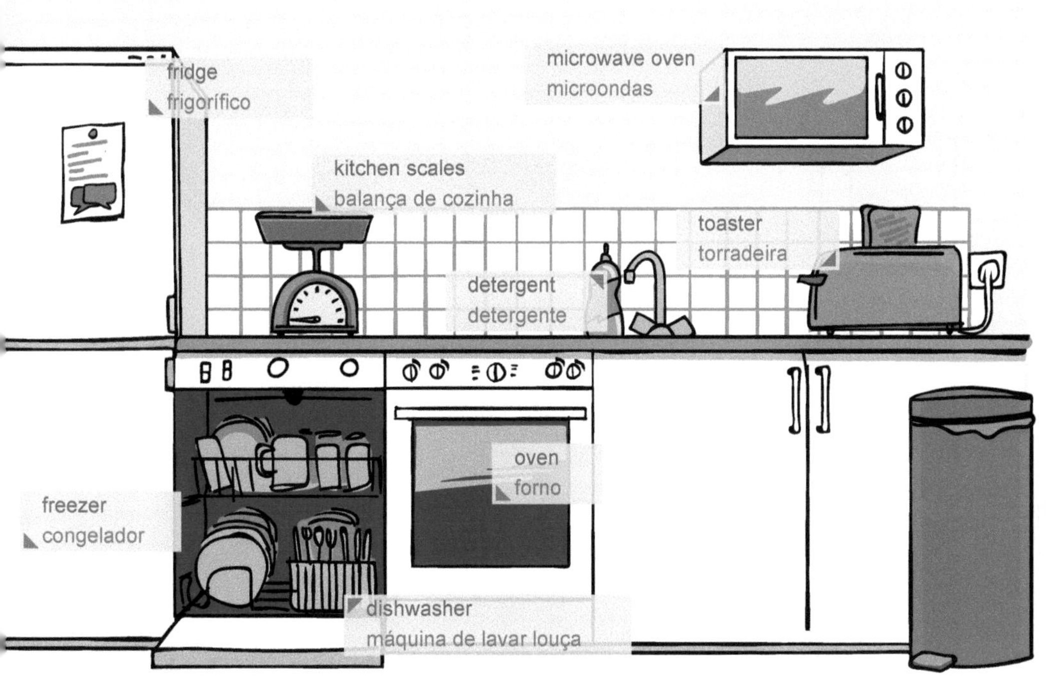
fridge
frigorífico
microwave oven
microondas
kitchen scales
balança de cozinha
toaster
torradeira
detergent
detergente
oven
forno
freezer
congelador
dishwasher
máquina de lavar louça

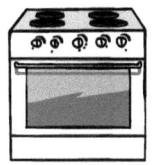

cooker

fogão

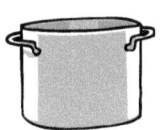

pot

panela

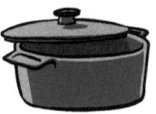

cast-iron pot

panela de ferro

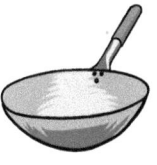

wok / kadai

wok / kadai

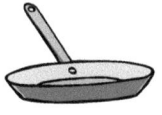

pan

frigideira

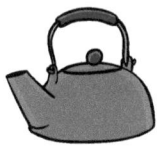

kettle

chaleira

steamer

panela a vapor

baking tray

tabuleiro de forno

crockery

louça

mug

caneca

bowl

tigela

chopsticks

pauzinhos

ladle

concha de sopa

spatula

espátula

whisk

batedor de claras

strainer

escorredor

sieve

peneira

grater

ralador

mortar

almofariz

barbecue

churrasqueira

open fire

lareira

chopping board

tábua de cortar

rolling pin

rolo da massa

corkscrew

saca-rolhas

can

lata

can opener

abridor de latas

pot holder

luvas de forno

sink

lava-loiça

brush

escova

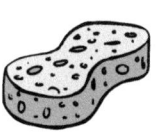

sponge

esponja

blender

liquidificador

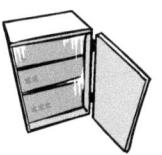

deep freezer

arca frigorífica

baby bottle

biberão

tap

torneira

bathroom

casa de banho

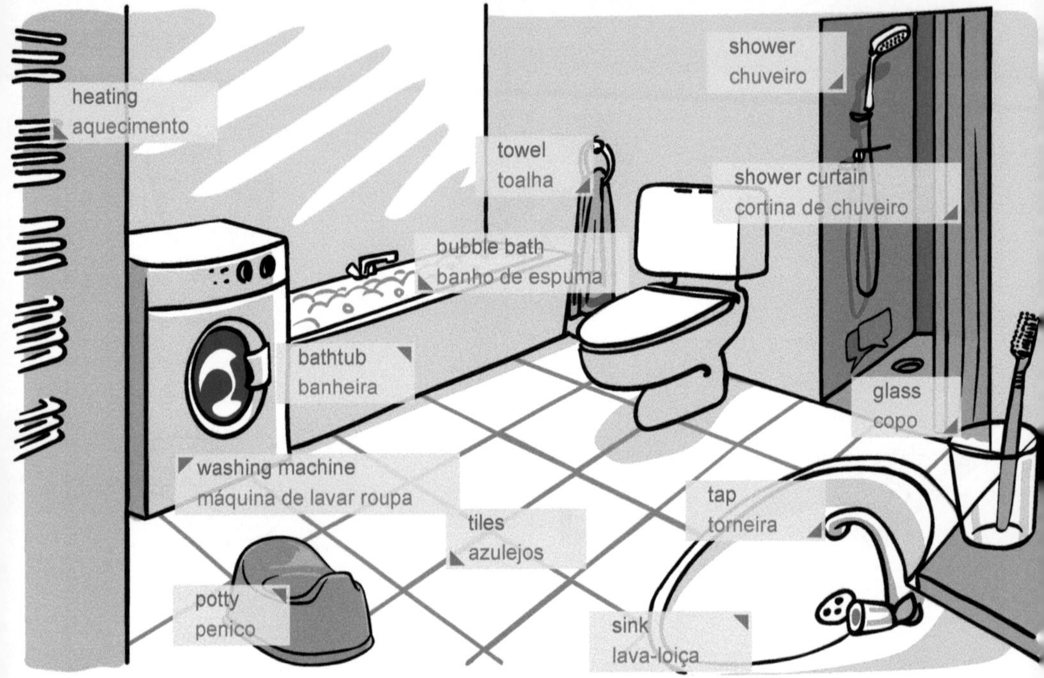

heating
aquecimento

shower
chuveiro

towel
toalha

shower curtain
cortina de chuveiro

bubble bath
banho de espuma

bathtub
banheira

glass
copo

washing machine
máquina de lavar roupa

tap
torneira

tiles
azulejos

potty
penico

sink
lava-loiça

toilet
....
sanita

squat toilet
....
retrete turca

bidet
....
bidé

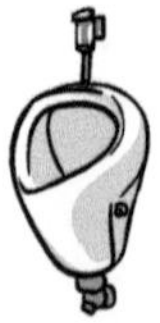

urinal
....
urinol

toilet paper
....
papel higiénico

toilet brush
....
piaçaba

toothbrush

escova de dentes

toothpaste

pasta de dentes

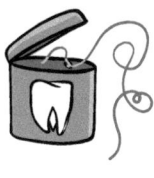

dental floss

fio dentário

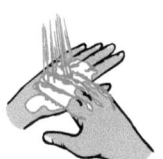

wash

lavar

handheld shower

chuveiro de mão

douche

duche íntimo

basin

bacia

back brush

escova para as costas

soap

sabonete

shower gel

gel de banho

shampoo

champô

flannel

toalha de rosto

drain

escoamento

cream

creme

deodorant

desodorizante

mirror

espelho

hand mirror

espelho de mão

razor

máquina de barbear

shaving foam

creme de barbear

aftershave

loção pós-barba

comb

pente

brush

escova

hair dryer

secador de cabelo

hairspray

spray de cabelo

makeup

maquilhagem

lipstick

batom

nail varnish

verniz de unhas

cotton wool

algodão

nail scissors

tesoura para unhas

perfume

perfume

washbag

nécessaire

stool

tamborete

weighing scale

balança

bathrobe

roupão de banho

rubber gloves

luvas de borracha

tampon

tampão

sanitary towel

penso higiénico

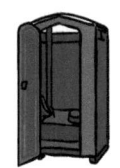

chemical toilet

WC químico

child's room
quarto de criança

alarm clock
despertador
cuddly toy
peluche
toy car
carro de brincar
rattle
chocalho
doll's house
casa de bonecas
present
presente

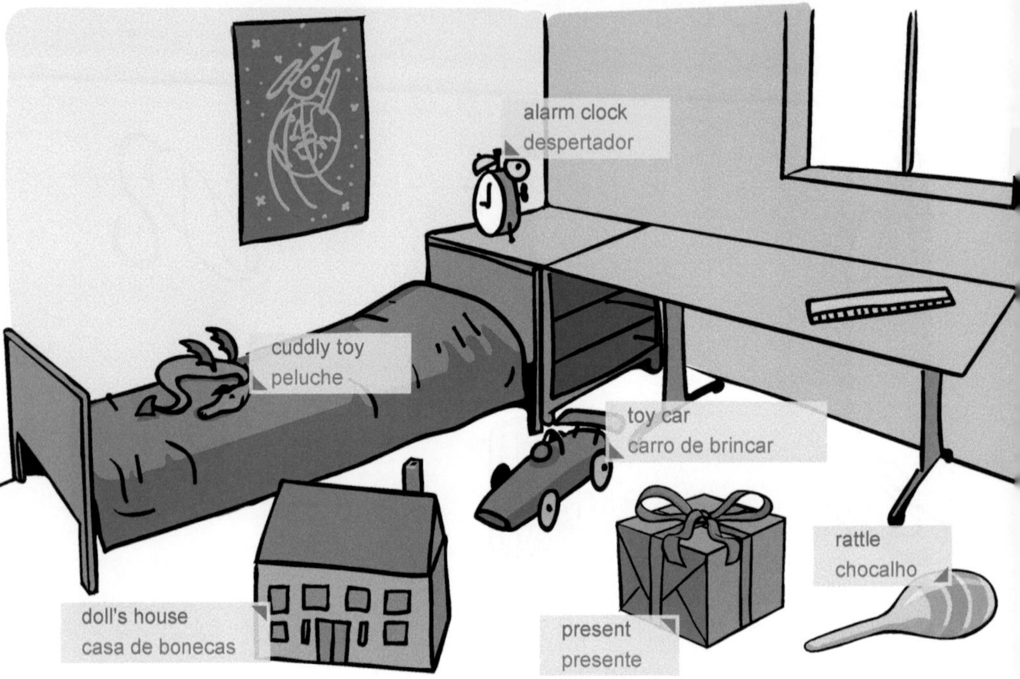

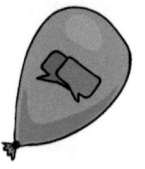

balloon

balão

bed

cama

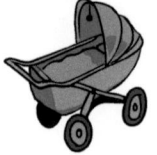

pram

carrinho de bebé

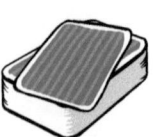

deck of cards

jogo de cartas

jigsaw

quebra-cabeças

SUPER
MEGA

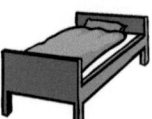

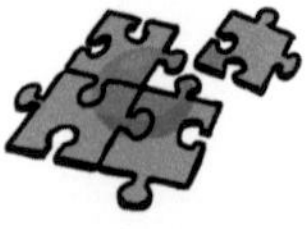

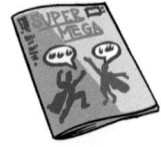

comic

banda desenhada

lego bricks
peças de Lego

building blocks
blocos de construção

action figure
figura de ação

babygrow
fato de bebé

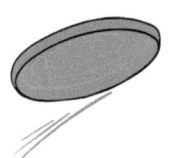

frisbee
Frisbee

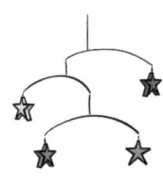

mobile
móbile para bebé

board game
jogo de tabuleiro

dice
dados

model train set
pista de comboio elétrico

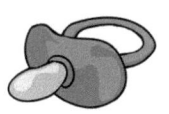

dummy
chupeta

party
festa

picture book
livro ilustrado

ball
bola

doll
boneca

play
jogar

sandpit

caixa de areia

swing

baloiço

toys

brinquedos

video game console

consola de jogos

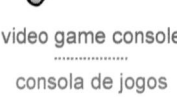

tricycle

triciclo

teddy bear

ursinho de peluche

wardrobe

guarda-roupa

clothing

vestuário

socks

meias

stockings

meias pelo joelho

tights

meias-calças

scarf
cachecol

umbrella
guarda-chuva

t-shirt
t-shirt

belt
cinto

boots
botas

slippers
chinelos

trainers
sapatilhas

sandals
sandálias

shoes
sapatos

rubber boots
botas de borracha

underpants
cuecas

bra
sutiã

vest
camisola interior

clothing - vestuário

body

body

trousers

calças

jeans

calças de ganga

skirt

saia

blouse

blusa

shirt

camisa

pullover

pulôver

hoodie

camisola com capuz

blazer

blazer

jacket

casaco

coat

manto

raincoat

gabardina

costume

traje

dress

vestido

wedding dress

vestido de casamento

suit	nightgown	pyjamas
fato	camisa de dormir	pijama

sari	headscarf	turban
sari	lenço de cabeça	turbante

burqa	kaftan	abaya
burca	cafetã	abaya

swimsuit	trunks	shorts
fato de banho	calções de banho	calções

tracksuit	apron	gloves
fato de treino	avental	luvas

button

botão

glasses

óculos

bracelet

pulseira

necklace

colar

ring

anel

earring

brinco

cap

boné

coat hanger

cabide

hat

chapéu

tie

gravata

zip

fecho de correr

helmet

capacete

braces

suspensórios

school uniform

uniforme escolar

uniform

uniforme

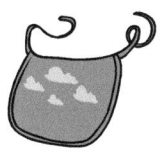

bib

babete

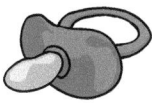

dummy

chupeta

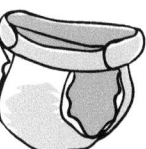

nappy

fralda

office

escritório

server
servidor
filing cabinet
armário de arquivo
printer
impressora
paper
papel
monitor
ecrã
mouse
rato
desk
secretária
folder
pasta
keyboard
teclado
chair
cadeira
waste-paper basket
cesto de lixo
computer
computador

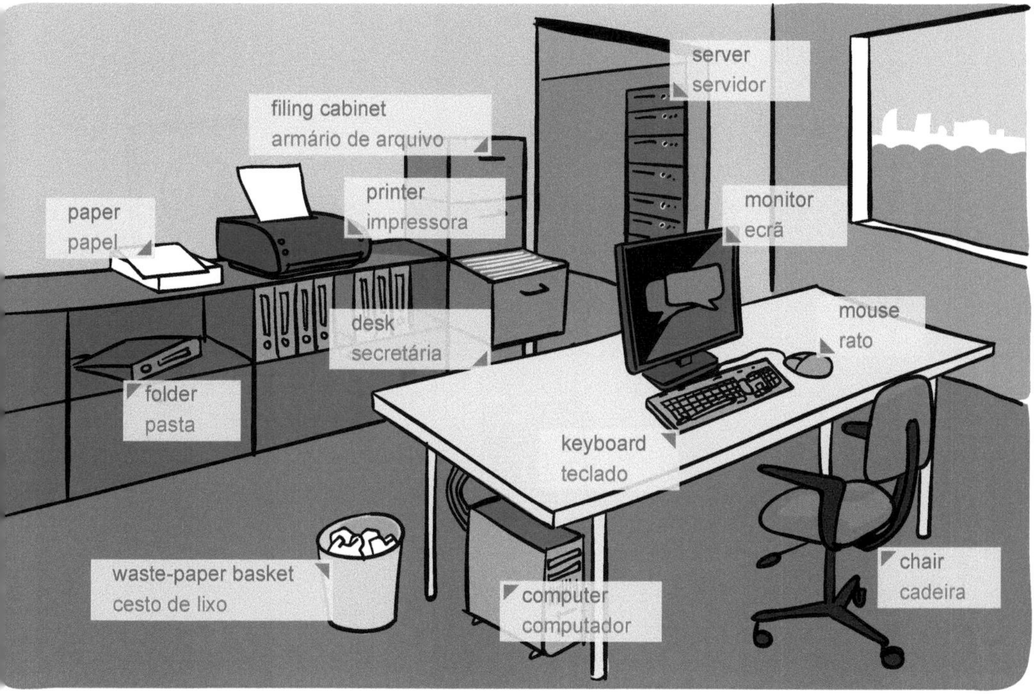

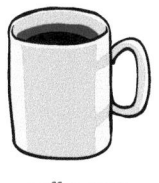

coffee mug

caneca de café

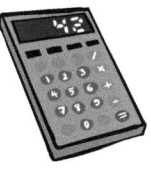

calculator

calculadora

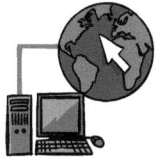

internet

internet

laptop

computador portátil

letter

carta

message

mensagem

mobile

telemóvel

network

rede

photocopier

fotocopiadora

software

software

telephone

telefone

plug socket

tomada elétrica

fax machine

fax

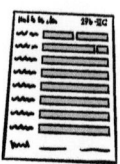

form

formulário

document

documento

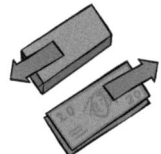

buy

comprar

pay

pagar

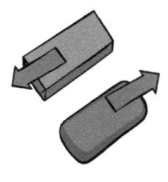

trade

negociar

money

dinheiro

dollar

dólar

euro

euro

yen

yen

rouble

rublo

Swiss franc

franco suíço

renminbi yuan

renminbi yuan

rupee

rupia

cashpoint

caixa de multibanco

bureau de change

casa de câmbio

gold

ouro

silver

prata

oil

petróleo

energy

energia

price

preço

contract

contrato

tax

imposto

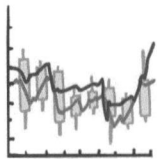

stock

ação

work

trabalhar

employee

empregado

employer

entidade patronal

factory

fábrica

shop

loja

economy - agricultura

police officer
agente da polícia

fireman
bombeiro

cook
cozinheiro

doctor
médico

pilot
piloto

gardener
jardineiro

carpenter
carpinteiro

seamstress
costureira

judge
juiz

chemist
químico

actor
ator

bus driver

motorista de autocarro

taxi driver

motorista de táxi

fisherman

pescador

cleaning lady

empregada de limpeza

roofer

telhador

waiter

empregado de mesa

hunter

caçador

painter

pintor

baker

padeiro

electrician

eletricista

builder

construtor

engineer

engenheiro

butcher

talhante

plumber

canalizador

postman

carteiro

soldier

soldado

architect

arquiteto

cashier

caixa

florist

florista

hairdresser

cabeleireiro

conductor

controlador de bilhetes

mechanic

mecânico

captain

capitão

dentist

dentista

scientist

cientista

rabbi

rabino

imam

imã

monk

monge

clergyman

pastor

tools
ferramentas

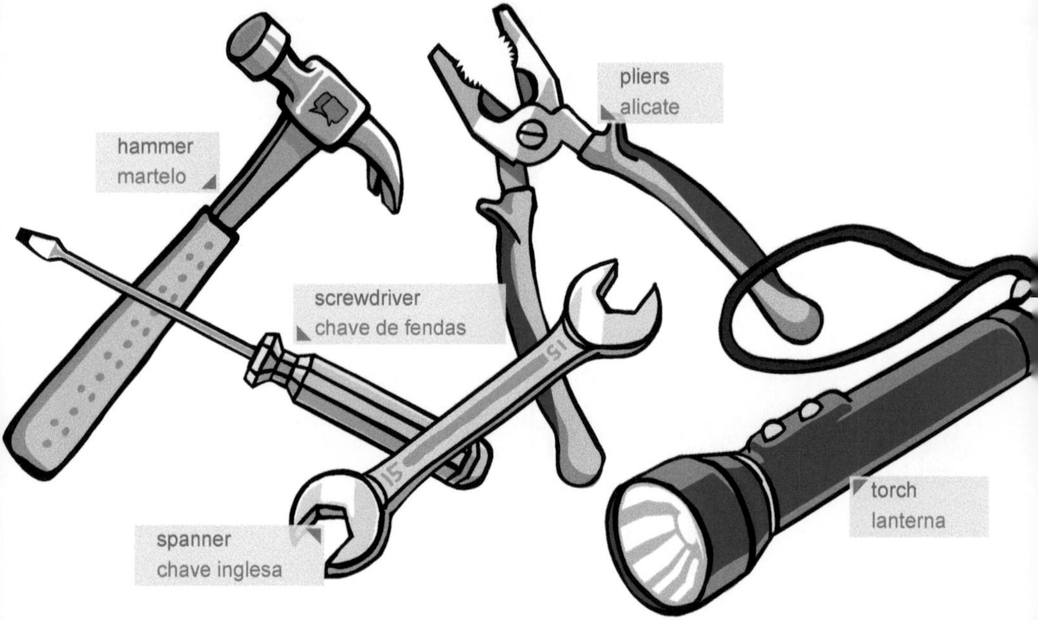

hammer
martelo
pliers
alicate
screwdriver
chave de fendas
spanner
chave inglesa
torch
lanterna

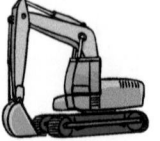

digger

escavadora

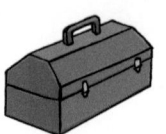

toolbox

caixa de ferramentas

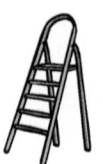

ladder

escadote

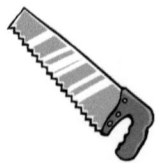

saw

serra

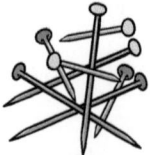

nails

pregos

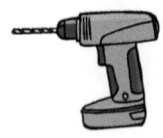

drill

broca

repair
reparar

shovel
pá

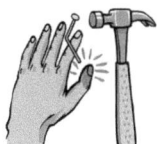

Damn!
porcaria!

dustpan
pá de lixo

paint pot
pote de tinta

screws
parafusos

musical instruments
instrumentos musicais

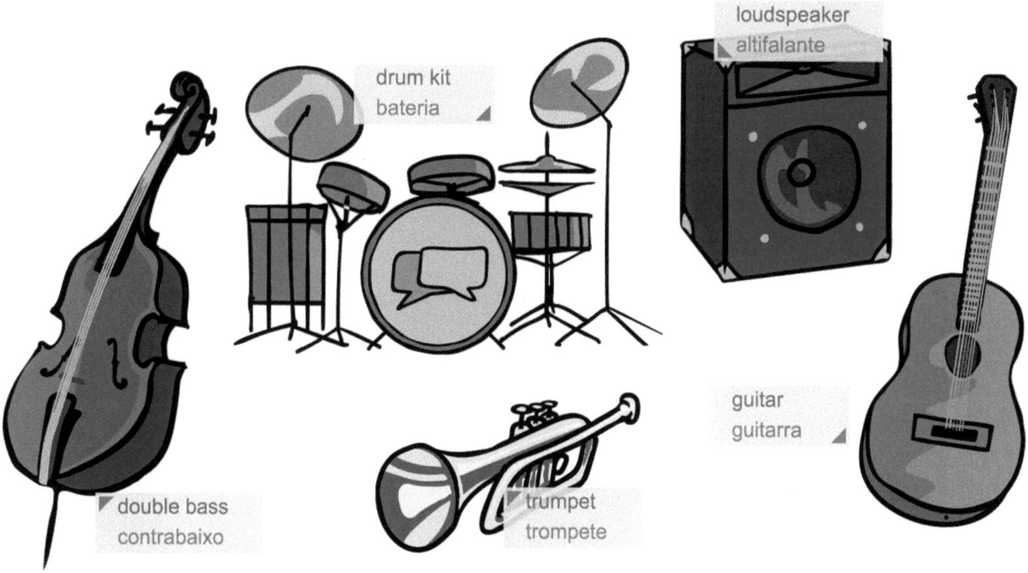

drum kit
bateria

loudspeaker
altifalante

guitar
guitarra

double bass
contrabaixo

trumpet
trompete

piano

piano

violin

violino

bass

baixo

timpani

timbales

drums

tambor

keyboard

teclado

saxophone

saxofone

flute

flauta

microphone

microfone

jardim zoológico

entrance
entrada

tiger
tigre

cage
gaiola

zebra
zebra

animal feed
ração animal

panda
panda

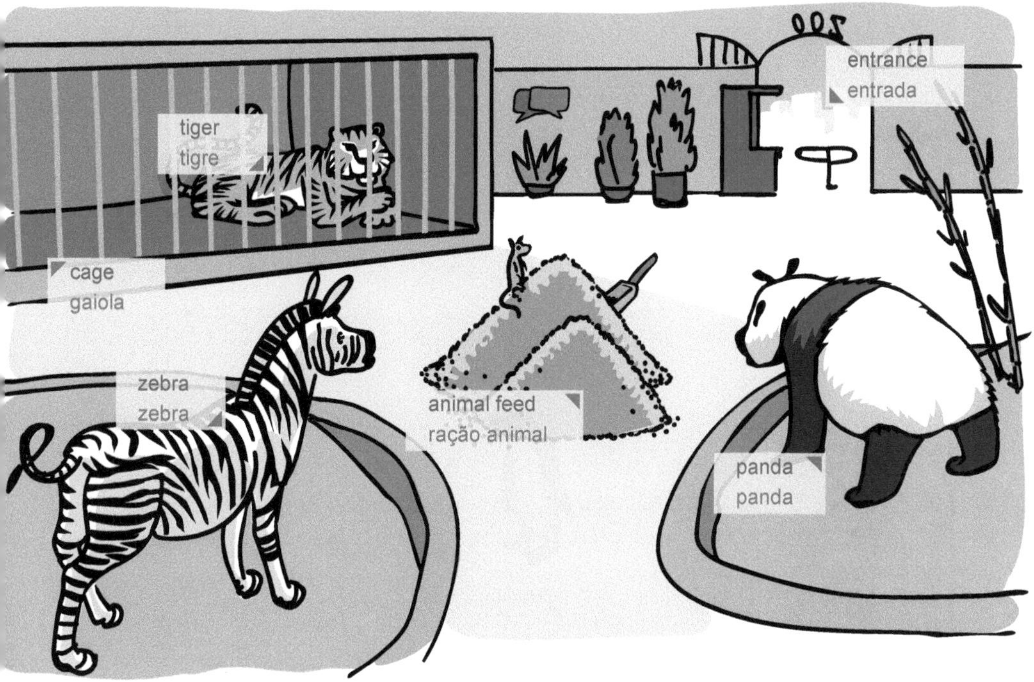

animals
animais

elephant
elefante

kangaroo
canguru

rhino
rinoceronte

gorilla
gorila

bear
urso

camel

camelo

ostrich

avestruz

lion

leão

monkey

macaco

flamingo

flamingo

parrot

papagaio

polar bear

urso polar

penguin

pinguim

shark

tubarão

peacock

pavão

snake

cobra

crocodile

crocodilo

zookeeper

guarda do jardim zoológico

seal

foca

jaguar

jaguar

pony

pónei

leopard

leopardo

hippo

hipopótamo

giraffe

girafa

eagle

águia

boar

javali

fish

peixe

turtle

tartaruga

walrus

morsa

fox

raposa

gazelle

gazela

American football
futebol americano

cycling
ciclismo

tennis
ténis

basketball
basquetebol

swimming
natação

ice hockey
hóquei no gelo

boxing
boxe

football
futebol

badminton
badminton

athletics
atletismo

handball
andebol

skiing
esqui

polo
polo

jump / saltar

laugh / rir

hug / abraçar

walk / andar

sing / cantar

pray / rezar

kiss / beijar

dream / sonhar

write
escrever

draw
desenhar

show
mostrar

push
empurrar

give
dar

take
tomar

have
ter

do
fazer

be
ser

stand
ficar de pé

run
correr

pull
puxar

throw
remessar

fall
cair

lie
deitar

wait
esperar

carry
carregar

sit
sentar

get dressed
vestir

sleep
dormir

wake up
acordar

look at

olhar para

cry

chorar

stroke

acariciar

comb

pentear

talk

falar

understand

compreender

ask

perguntar

listen

ouvir

drink

beber

eat

comer

tidy up

arrumar

love

amar

cook

cozinhar

drive

conduzir

fly

voar

activities - atividades

sail

velejar

calculate

calcular

read

ler

learn

aprender

work

trabalhar

marry

casar

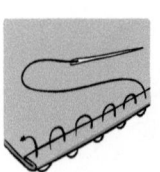

sew

costurar

brush teeth

escovar os dentes

kill

matar

smoke

fumar

send

enviar

activities - atividades

grandmother
avó

grandfather
avô

father
pai

mother
mãe

baby
bebé

daughter
filha

son
filho

guest

convidado

aunt

tia

uncle

tio

brother

irmão

sister

irmã

body

corpo

forehead
testa
eye
olho
shoulder
ombro
finger
dedo
face
cara
chin
queixo
hand
mão
leg
perna
breast
peito
arm
braço

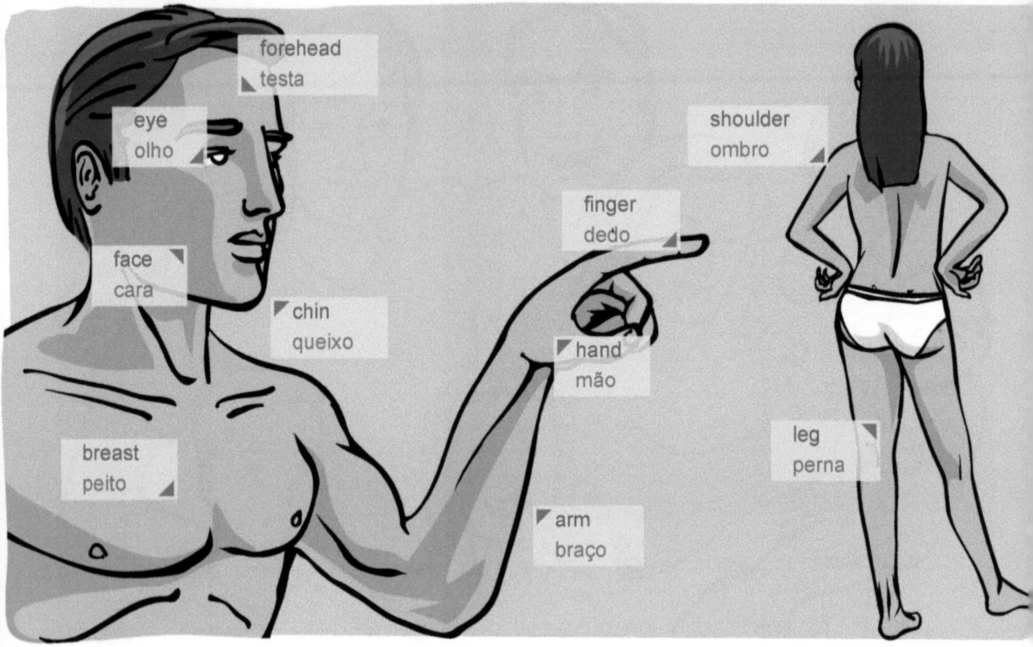

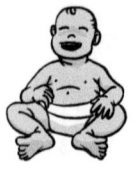

baby

bebé

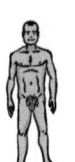

man

homem

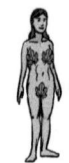

woman

mulher

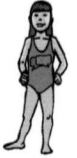

girl

menina

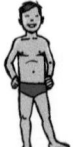

boy

menino

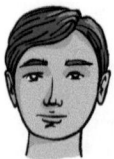

head

cabeça

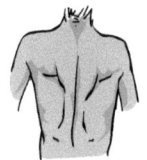

back

costas

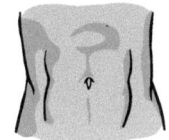

belly

barriga

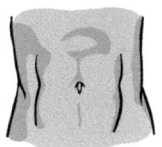

belly button

umbigo

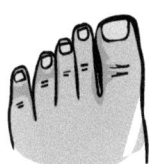

toe

dedo do pé

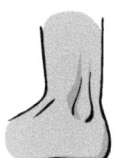

heel

calcanhar

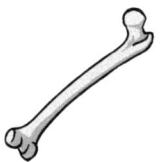

bone

osso

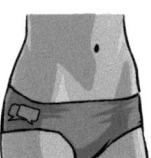

hip

anca

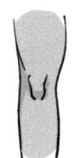

knee

joelho

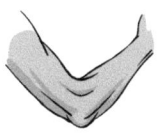

elbow

cotovelo

nose

nariz

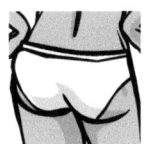

bottom

nádegas

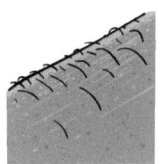

skin

pele

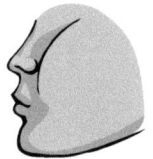

cheek

bochecha

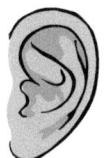

ear

orelha

lip

lábio

mouth

boca

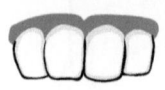

tooth

dente

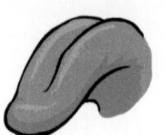

tongue

língua

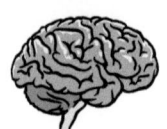

brain

cérebro

heart

coração

muscle

músculo

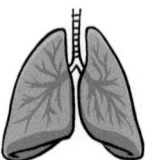

lung

pulmão

liver

fígado

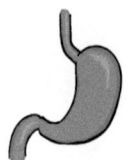

stomach

estômago

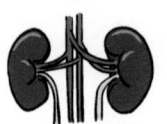

kidneys

rins

sex

relações sexuais

condom

preservativo

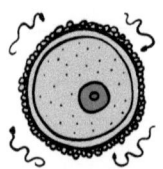

ovum

óvulo

semen

esperma

pregnancy

gravidez

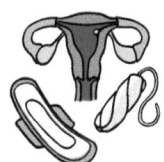

menstruation

menstruação

vagina

vagina

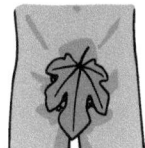

penis

pénis

eyebrow

sobrancelha

hair

cabelo

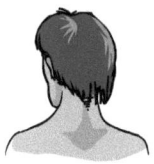

neck

pescoço

hospital

hospital

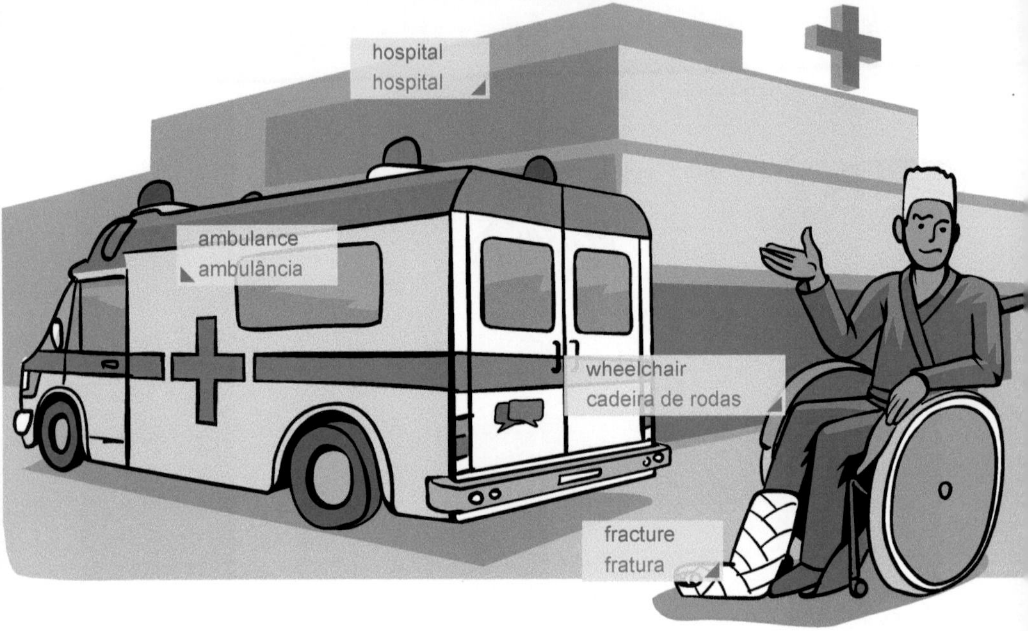

hospital
hospital
ambulance
ambulância
wheelchair
cadeira de rodas
fracture
fratura

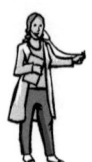

doctor

médico

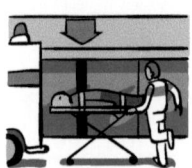

emergency room

serviço de urgências

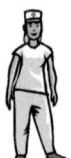

nurse

enfermeira

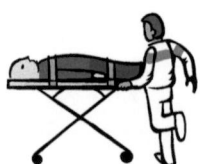

emergency

emergência

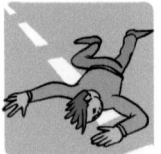

unconscious

inconsciente

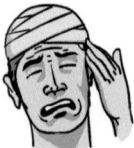

pain

dor

injury

ferimento

bleeding

hemorragia

heart attack

ataque cardíaco

stroke

acidente vascular cerebral

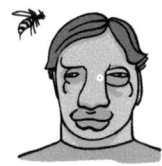

allergy

alergia

cough

tosse

fever

febre

flu

gripe

diarrhoea

diarreia

headache

dor de cabeça

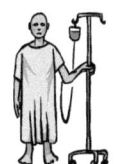

cancer

cancro

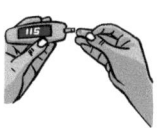

diabetes

diabetes

surgeon

cirurgião

scalpel

bisturi

operation

operação

CT

CT

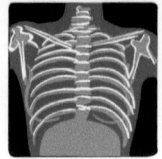

x-ray

raio x

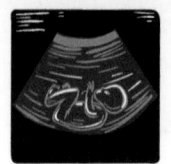

ultrasound

ultrassom

face mask

máscara

disease

doença

waiting room

sala de espera

crutch

muleta

plaster

penso rápido

bandage

ligadura

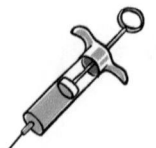

injection

injeção

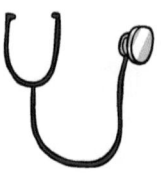

stethoscope

estetoscópio

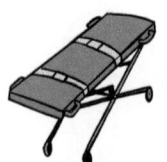

stretcher

maca

clinical thermometer

termómetro

birth

nascimento

overweight

excesso de peso

hearing aid

aparelho auditivo

disinfectant

desinfetante

infection

infeção

virus

vírus

HIV / AIDS

HIV / SIDA

medicine

medicamento

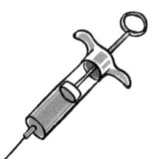

vaccination

vacinação

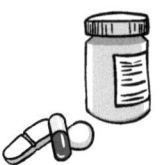

tablets

comprimidos

pill

pílula

emergency call

chamada de emergência

blood pressure monitor

dispositivo de medição de
pressão arterial

ill / healthy

doente / saudável

Help!
Socorro!

alarm
alarme

assault
assalto

attack
ataque

danger
perigo

emergency exit
saída de emergência

Fire!
Fogo!

fire extinguisher
extintor de incêndios

accident
acidente

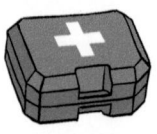

first-aid kit
estojo de primeiros socorros

SOS
SOS

police
polícia

Europe

Europa

North America

América do Norte

South America

América do Sul

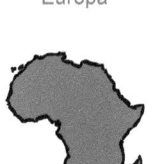

Africa

África

Asia

Ásia

Australia

Austrália

Atlantic

Atlântico

Pacific

Pacífico

Indian Ocean

Oceano Índico

Antarctic Ocean

Oceano Antártico

Arctic Ocean

Oceano Ártico

North Pole

Polo Norte

South Pole

Polo Sul

Antarctica

Antártica

Earth

terra

land

país

sea

mar

island

ilha

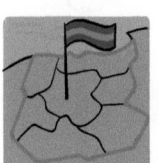

nation

nação

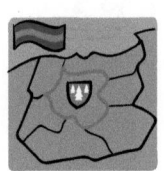

state

estado

clock face

mostrador do relógio

hour hand

ponteiro das horas

minute hand

ponteiro dos minutos

second hand

ponteiro dos segundos

What time is it?

Que horas são?

day

dia

time

tempo

now

agora

digital watch

relógio digital

minute

minuto

hour

hora

week

semana

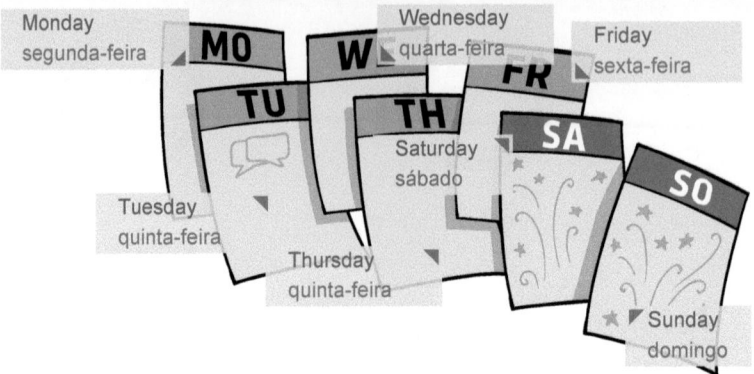

Monday
segunda-feira

Wednesday
quarta-feira

Friday
sexta-feira

Tuesday
quinta-feira

Saturday
sábado

Thursday
quinta-feira

Sunday
domingo

yesterday

ontem

today

hoje

tomorrow

amanhã

morning

manhã

noon

meio-dia

evening

entardecer

MO	TU	WE	TH	FR	SA	SU
1	2	3	4	5	6	7
8	9	10	11	12	13	14
15	16	17	18	19	20	21
22	23	24	25	26	27	28
29	30	31	1	2	3	4

business days

dias úteis

MO	TU	WE	TH	FR	SA	SU
1	2	3	4	5	6	7
8	9	10	11	12	13	14
15	16	17	18	19	20	21
22	23	24	25	26	27	28
29	30	31	1	2	3	4

weekend

fim de semana

rain
chuva

snow
neve

wind
vento

spring
primavera

autumn
outono

summer
verão

winter
inverno

4.APRIL	11°	☀
5.APRIL	4°	⛅
6.APRIL	13°	⛅
7.APRIL	8°	❄
8.APRIL	10°	☀

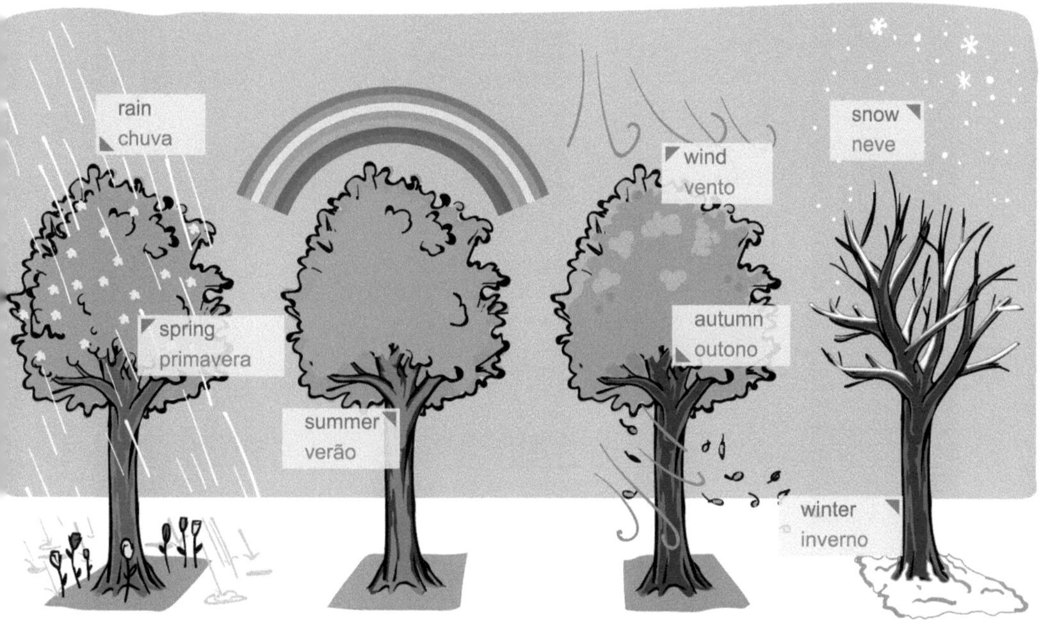

weather forecast

previsão do tempo

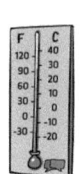

thermometer

termómetro

sunshine

raios de sol

cloud

nuvem

fog

neblina / nevoeiro

humidity

humidade do ar

lightning

relâmpago

thunder

trovão

storm

tempestade

hail

granizo

monsoon

monção

flood

inundação

ice

gelo

January

janeiro

February

fevereiro

March

março

April

abril

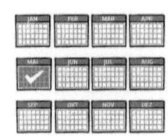

May

maio

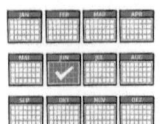

June

junho

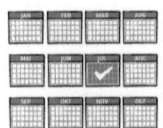

July

julho

August

agosto

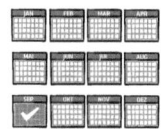

September
setembro

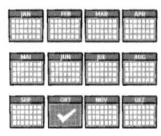

October
outubro

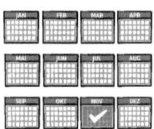

November
novembro

December
dezembro

shapes
formas

circle
círculo

square
quadrado

rectangle
retângulo

triangle
triângulo

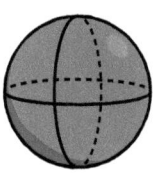

sphere
esfera

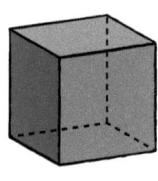

cube
cubo

colours

cores

white
....
branco

yellow
....
amarelo

orange
....
laranja

pink
....
rosa

red
....
vermelho

purple
....
lilás

blue
....
azul

green
....
verde

brown
....
castanho

grey
....
cinzento

black
....
preto

a lot / a little

muito / pouco

angry / calm

furioso / calmo

beautiful / ugly

lindo / feio

beginning / end

princípio / fim

big / small

grande / pequeno

bright / dark

claro / escuro

brother / sister

irmão / irmã

clean / dirty

limpo / sujo

complete / incomplete

completo / incompleto

day / night

dia / noite

dead / alive

morto / vivo

wide / narrow

largo / estreito

edible / inedible

comestível / não comestível

evil / kind

mau / gentil

excited / bored

entusiasmado / entediado

fat / thin

gordo / magro

first / last

primeiro / último

friend / enemy

amigo / inimigo

full / empty

cheio / vazio

hard / soft

duro / macio

heavy / light

pesado / leve

hunger / thirst

fome / sede

ill / healthy

doente / saudável

illegal / legal

ilegal / legal

intelligent / stupid

inteligente / burro

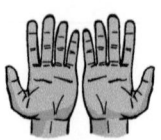

left / right

esquerda / direita

near / far

perto / longe

new / used

novo / usado

nothing / something

nada / algo

old / young

velho / jovem

on / off

ligado / desligado

open / closed

aberto / fechado

quiet / loud

baixo / alto

rich / poor

rico / pobre

right / wrong

certo / errado

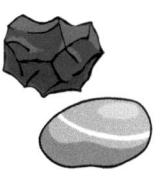

rough / smooth

áspero / liso

sad / happy

triste / feliz

short / long

curto / longo

slow / fast

lento / rápido

wet / dry

molhado / seco

warm / cool

ameno / fresco

war / peace

guerra / paz

0

zero

zero

1

one

um

2

two

dois

3

three

três

4

four

quatro

5

five

cinco

6

six

seis

7

seven

sete

8

eight

oito

9

nine

nove

10

ten

dez

11

eleven

onze

12

twelve

doze

13

thirteen

treze

14

fourteen

catorze

15

fifteen

quinze

16

sixteen

dezasseis

17

seventeen

dezassete

18

eighteen

dezoito

19

nineteen

dezanove

20

twenty

vinte

100

hundred

cem

1.000

thousand

mil

1.000.000

million

milhão

English

inglês

American English

inglês americano

Chinese Mandarin

chinês mandarim

Hindi

hindi

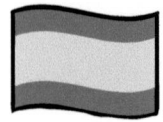

Spanish

espanhol

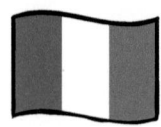

French

francês

Arabic

árabe

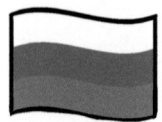

Russian

russo

Portuguese

português

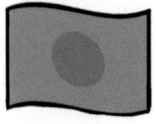

Bengali

bengalês

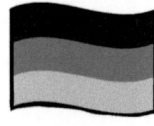

German

alemão

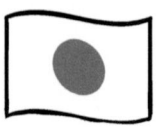

Japanese

japonês

I

eu

you

tu

he / she / it

ele / ela

we

nós

you

vós

they

eles / elas

who?

quem?

what?

o quê?

how?

como?

where?

onde?

when?

quando?

name

nome

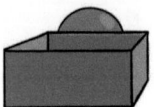

behind

atrás

in

em

in front of

à frente de

over

sobre

on

em cima

under

debaixo

beside

ao lado

between

entre

place

lugar